A bruxa Salomé

Audrey Wood ilustrações Don Wood

TRADUÇÃO Gisela Maria Padovan

editora ática

• Prêmio FNLIJ Monteiro Lobato – Melhor Tradução para a Criança, 1994.

Título original: *Heckedy Peg*
Título da edição brasileira: *A bruxa Salomé*

Heckedy Peg by Audrey Wood, illustrated by Don Wood
Text copyright © 1987 by Audrey Wood
Illustrations copyright © 1987 by Don Wood
Published by arrangement with Harcourt Brace & Company

Edição Brasileira
Editora   Lenice Bueno da Silva
Editora assistente   Anabel Ly Maduar
Coordenadora de revisão   Ivany Picasso Batista
Revisora   Camila Zanon

ARTE
Editor   Alcy
Produção Gráfica   Ademir C. Schneider
                           Regina Iamashita Yokoo
                           Aluízio Johnson

CIP-BRASIL. CATALOGAÇÃO NA FONTE
SINDICATO NACIONAL DOS EDITORES DE LIVROS, RJ

W853b
9.ed.

Wood, Audrey, 1948-
   A bruxa Salomé / Audrey e Don Wood ; ilustrações Don Wood ; tradução Gisela Maria Padovan. - 9.ed. - São Paulo : Ática, 1999.
   32p. : il. -(Abracadabra)

   Tradução de: Heckedy peg
   ISBN 978-85-08-04654-6

   1. Literatura infantojuvenil americana. I. Wood, Don, 1945-. II. Padovan, Gisela Maria. III. Título. IV. Série.

09-5993.   CDD: 028.5
                                   CDU: 087.5

ISBN 0 15 233678-8 (ed. original)
ISBN 978 85 08 04654-6
CL: 730307
CAE: 232237

2023
9ª edição
33ª impressão
Impressão e acabamento: Gráfica Santa Marta

Todos os direitos reservados pela Editora Ática S.A., 1994
Avenida das Nações Unidas, 7221, CEP 05425-902 – São Paulo – SP
Atendimento ao cliente: 4003-3061
www.coletivoleitor.com.br
atendimento@aticascipione.com.br

IMPORTANTE: Ao comprar um livro, você remunera e reconhece o trabalho do autor e o de muitos outros profissionais envolvidos na produção editorial e na comercialização das obras: editores, revisores, diagramadores, ilustradores, gráficos, divulgadores, distribuidores, livreiros, entre outros. Ajude-nos a combater a cópia ilegal! Ela gera desemprego, prejudica a difusão da cultura e encarece os livros que você compra.

Era uma vez uma pobre mulher que vivia bem longe, além das estradas cobertas de poeira, com seus sete filhos: Segunda-feira, Terça-feira, Quarta-feira, Quinta-feira, Sexta-feira, Sábado e Domingo.

Todos os dias, antes que a mãe saísse para o mercado, as crianças ajudavam nos afazeres domésticos.

Um dia, depois que tinham terminado, a mãe disse:

— Como vocês são umas crianças muito boazinhas, podem pedir o que quiserem, que eu trago do mercado.

As crianças ficaram radiantes, e cada uma sabia exatamente o que queria.

Segunda-feira pediu um pedaço de manteiga.

Quinta-feira, um pote de mel.

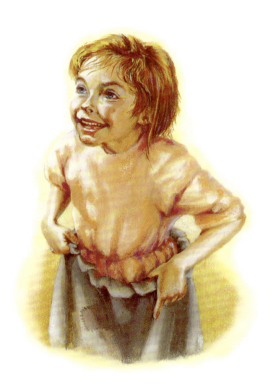

Sexta-feira gostaria de um pouco de sal.

Terça-feira, um canivete.

Quarta-feira queria um jarro de louça.

Sábado queria bolachas.

E Domingo pediu uma tigela de pudim de ovo.

A mãe despediu-se das crianças, com um conselho:

— Tenham muito cuidado e lembrem-se: não deixem ninguém estranho entrar nem cheguem perto do fogo.

Assim que ela saiu, as crianças trancaram a porta e começaram a brincar.

Não se passara muito tempo, quando apareceu uma bruxa, que vinha mancando pela estrada. Ela estava puxando uma carroça muito pesada. Chegando perto da casa, deu umas batidinhas na janela e gritou:

— *Sou a bruxa Salomé,*
e acabei de perder meu pé.
Deixem-me entrar!

— Não podemos — disseram em coro Segunda-feira, Terça-feira, Quarta-feira, Quinta-feira, Sexta-feira, Sábado e Domingo. — Nossa mãe falou para não deixarmos nenhum estranho entrar.

A bruxa Salomé tirou um cachimbo do bolso e enfiou-o na boca:

— Vamos, meus coraçõezinhos, tudo o que preciso é de um pouco de fogo para meu cachimbo. Só queria um pouco de palha incandescente.

— Não podemos — disseram em coro Segunda-feira, Terça-feira, Quarta-feira, Quinta-feira, Sexta-feira, Sábado e Domingo. — Nossa mãe falou para não tocarmos no fogo.

Salomé aproximou-se da carroça e apanhou um saco.

— Tenho certeza de que a mãe de vocês não vai se importar — disse. — Olhem, se vocês me deixarem entrar para acender meu cachimbo, vou dar-lhes isto.

Debruçando-se na janela, as crianças olharam dentro do saco e quase não acreditaram no que viram.

— Ouro! — gritaram. — Por um saco de ouro nós a deixamos entrar e acender seu cachimbo.

Então destrancaram a porta e deixaram a bruxa entrar. Depois, correram até a

lareira e pegaram diversos pedaços de palha incandescente para acender o cachimbo dela.

Mas assim que o cachimbo estava aceso, a bruxa Salomé atirou-o no chão e gritou:
— Agora peguei vocês!
E imediatamente transformou as crianças em comida.
Segunda-feira virou um pedaço de pão.
Terça-feira transformou-se em uma torta.
Quarta-feira virou leite.
Quinta-feira, um mingau de aveia.
Sexta-feira transformou-se num peixe.
Sábado, num queijo.
E Domingo virou uma costela assada.

Em seguida, Salomé reuniu toda aquela comida e colocou em sua carroça. Sem olhar para trás, começou a puxar sua carga estrada afora,

passou pela ponte, cruzou a cidade, o campo de trigo e, finalmente, penetrou na floresta, onde ficava sua cabana.

Logo depois, a mãe voltou para casa, carregando uma cesta enorme. Lá dentro estavam todas as coisas que as crianças tinham pedido:

    um pedaço de manteiga para Segunda-feira,
    um canivete para Terça-feira,
    um jarro de louça para Quarta-feira,
    um pote de mel para Quinta-feira,
    um vidro de sal para Sexta-feira,
    bolachas para Sábado
    e uma tigela de pudim de ovo para Domingo.

— Segunda-feira, Terça-feira, Quarta-feira, Quinta-feira, Sexta-feira, Sábado, Domingo! — chamou ela, mas ninguém respondeu.

Então, encontrou o cachimbo quebrado da bruxa e viu os pedaços de palha queimada no chão. Lágrimas saltaram de seus olhos.

— Quem pegou meus filhos? — gritou.

Um pássaro preto que tinha visto tudo ficou com pena da mulher e, de um salto, pousou no peitoril da janela.

— Siga-me! — gorjeou.

    — *Foi a bruxa Salomé.*
      Ela perdeu o pé,
        e eles a deixaram entrar.

Com a cesta na mão, a mãe seguiu o pássaro estrada afora, passou pela ponte, cruzou a cidade e os campos de trigo e atravessou a floresta, até chegar na cabana da bruxa.

Salomé tinha acabado de sentar-se para jantar e estava prestes a

dar a primeira dentada, quando ouviu uma forte batida na porta.

— Deixe-me entrar! — gritou a mãe. — Quero meus filhos de volta!

— Você não pode entrar! — respondeu Salomé. — Seus sapatos estão sujos.

— Eu tiro os sapatos — disse a mãe, e assim fez.

— Deixe-me entrar! — gritou a mãe. — Quero meus filhos de volta!

— Você não pode entrar! — respondeu Salomé. — Suas meias estão sujas.

— Eu tiro as meias — disse a mãe, e assim fez.

— Deixe-me entrar! — repetiu a mãe. — Quero meus filhos de volta!

— Você ainda não pode entrar! — disse Salomé. — Seus pés estão sujos.

— Então vou cortá-los — disse a mãe, e foi saindo como se fosse mesmo fazer aquilo. Mas, em vez de cortar os pés, deu um jeito de escondê-los debaixo da saia e voltou de joelhos até a cabana da bruxa.

— Deixe-me entrar! — pediu de novo. — Quero meus filhos de volta!

Quando Salomé olhou para baixo, pensou que a mãe não tinha mais pés e deixou-a entrar.

Depois apontou para a mesa.

— Aqui estão seus filhos — disse. — Se você não conseguir adivinhar quem é quem, vou comê-los no jantar. E você só tem uma chance.

A mãe continuou com os pés dobrados para trás e engatinhou até a mesa. Como conseguiria adivinhar que alimento era cada criança?

Desesperada, olhou para dentro da cesta. Aqui estão as coisas que meus filhos queriam — pensou — e agora eles nunca vão tê-las.

— Depressa! — ordenou Salomé. — Estou com fome!

A mãe olhou de novo para os alimentos em cima da mesa.

— Fale! — ordenou a bruxa. — Meu jantar está ficando frio!

De repente, a mãe descobriu o que tinha de fazer. Tirando as coisas da cesta, disse:

— Vou descobrir que alimento é cada filho pelas coisas que eles queriam:

O pão quer manteiga. Então é Segunda-feira.

A torta quer uma faca. Então é Terça-feira.

O leite quer um jarro. Então é Quarta-feira.

O mingau quer mel. Então é Quinta-feira.

O peixe quer sal. Então é Sexta-feira.

O queijo quer bolachas. É Sábado.

E a costela assada combina com pudim de ovo. Esse é Domingo.

Num piscar de olhos, as crianças voltaram a ser o que eram.

Abraçaram e beijaram a mãe e festejaram uns com os outros.

Imediatamente, a mãe ficou de pé e gritou para a bruxa:
— Consegui meus filhos de volta, Salomé! Agora você vai se arrepender de tê-los roubado!

E começou a correr atrás da bruxa pelos arredores da cabana, até sair da floresta, passar pelos campos de trigo, pela cidade e, finalmente, chegar até a ponte.

Então, a bruxa Salomé pulou para dentro do rio e nunca mais foi vista novamente.